MÉMOIRES

D'UN

JEUNE BARBENTANNAIS

PAR

Louis-Antoine BLANC

D'Arles.

AVIGNON

IMPRIMERIE ADMINISTRATIVE DE GROS FRÈRES,

1869.

Cette relation, qui contient **la Vie d'un Enfant naturel,** *ne se vend que pour venir en aide au malheureux qui la répand en public.*

PRÉFACE INSTRUCTIVE

Aimable lecteur, en composant ce petit opuscule, je me sens animé de douleur, voyant tous les drames qui arrivent, toutes les comédies qui se jouent en ce monde corrompu, je ne puis que m'écrier : Vanité des vanités, tout n'est que vanité.

L'Immortel, dans sa toute puissance, veillant sur tous en général et sur chacun en particulier, sait à merveille faire un grand génie d'un petit avorton, et de même rend très souvent celui qui se croit un Dieu la folle risée de toute une société.

Le jeune homme qui a le malheur de jouer le premier rôle dans cette relation, nous montre, en effet, dans toutes les calamités qu'il éprouve, qu'une main forte et divine le conduit pas à pas au milieu de toutes les vicissitudes humaines pour en faire peut-être à l'avenir un instrument de sa providence.

Il est un fait à remarquer : ce bon garçon, abandonné dès son jeune âge, s'est vu élever par des mains étrangères à sa naissance et, ballotté par les uns et les autres, il a su, de fort bonne heure, comprendre qu'au siècle où nous vivons on ne doit connaître qu'une seule maxime pour bien marcher : *Dieu et le prochain*.

Courage, patience, mes amis, et surtout lisez avec attention, si vous voulez vous instruire et avancer d'un pas rapide et assuré en cette époque où nous sommes.

L'Auteur Arlésien.

COMPLAINTE DOULOUREUSE

Mon cœur palpite de douleur de tristesse ;
De mes yeux noirs coule un torrent de pleurs
En pensant au souvenir de ma détresse !
Qui me ramènera au bonheur.

Frères martyrs que le destin châtie :
De vos cent voix, quel mot est répété ;
Entendons bien, noble Génie, noble Génie,
A nous l'air pur, à nous la vraie clarté.

Je suis bien pauvre, et beaucoup débile,
Je ne puis plus ainsi suffire à ma vie ;
Pour le travail, je ne puis être utile
Que faire hélas ! pourtant j'ai bien faim !
Me résigner à mourir d'envie :
Hô non ! hô non ! nous aurons du pain.

Bons bourgeois, enfants de la belle ivresse
Secourez l'indigent, le malheureux :
Dieu vous contemple et dans sa noble tendresse
Saura fort bien exaucer vos vœux.

Frères martyrs que le destin châtie,
De vos cent voix quel mot est répété :
Entendons bien noble Génie, noble Génie,
A nous l'air pur, à nous la vraie clarté.

Un Arlésien Félibre.

NOTA. — Tous droits de propriété sont réservés et tout contrefacteur ou imitateur sera poursuivi conformément aux lois.

B....

Tarascon, 12 novembre 1868.

DÉTRESSE

D'UN JEUNE BARBENTANNAIS

—oo⋅⋅⋅oo—

Le jeune B.... né à Barbentanne, jolie petite ville du département des Bouches du Rhône, éprouva dans son enfance des revers si nombreux, qu'arrivé à un âge avancé, ce brave enfant provençal à cru bien faire en éditant la relation de toutes les calamités sans nombre qui sont venues l'atteindre.

Or, voici, ô aimable lecteur, le résultat de cette compulsion : Fils d'une pauvre veuve délaissée par un lâche séducteur, cette innocente créature fut confiée aux soins bienveillants de l'hospice de Marseille. Admis dans cet établissement, il fut, au bout d'un certain temps, remis aux soins d'une honnête nourrice de Sisteron, jolie petite localité des Basses-Alpes.

Laissons maintenant parler l'infortunée créature et inclinons-nous devant la divine Providence.

Livré à ces bonnes gens, je fus choyé comme un enfant gâté; ma bonne mère nourricière me prodiguait les soins les plus empressés, à cause de la malheureuse infirmité qui était venue m'atteindre, seize mois environ après ma naissance, par suite d'une maladie cérébrale qui avait plongé ma véritable mère dans l'état de prostration le plus complet; c'est ce qui avait, en effet, engagé les autorités de mon pays à me placer à l'Hôtel-Dieu de Marseille.

Ma mère nourricière ayant eu le malheur de s'oublier sur

les sentiments d'honneur, fût forcée d'aller subir la juste punition infligée à sa faute, et comme je me retrouvais de nouveau sans soutien, vu l'état maladif de mon père nourricier, on me renvoya à Marseille, pour être réintégré à l'hospice. Mais, ô malheur ! j'eus la faiblesse, durant le voyage, de profiter de l'indifférence du conducteur qui me retournait, et, à un moment donné, je m'évadai pour rétrograder vers Sisteron ; mais je fus bientôt rattrapé, et pour me faire comprendre ma faute, on m'infligea une petite punition exemplaire qui m'a bien servi pour l'avenir.

Ma pénitence étant faite, je fus de nouveau replacé à l'hospice pour la troisième fois. Cette fois, ce fut pour y demeurer jusqu'à l'âge de dix-neuf ans.

Étant doué de par la nature d'un caractère un peu inconstant, je causais assez de peine aux petites sœurs qui me soignaient ; car, voulant à tout prix me former un naturel approprié à la situation dans laquelle j'étais, et qui plus est, ne pouvant souffrir certaines petites taquineries que l'on me créait exprès pour m'éprouver, je savais à merveille les faire impatienter, à seule fin de jouir de toute ma liberté et m'amuser au lieu de profiter de l'instruction qui m'était si généreusement offerte.

Enfin, je redevins un peu plus homme, et Dieu aidant avec l'âge, je fis si bien que messieurs les administrateurs et la supérieure de l'hospice résolurent de me faire apprendre un état.

Pour moi, qui languissais de revoir Sisteron, pays si riant que l'on croirait un séjour enchanté, je demandai alors de pouvoir retourner à la maison de mon père nourricier, mentionnant qu'il était cordonnier et donnant à entendre que mes idées étaient de devenir moi-même ouvrier cordonnier.

La commission administrative m'écouta, et nonobstant un avertissement du maire de la commune de celui qui m'avait soigné dans mon enfance, je fus muni d'un ordre de route pour revoir ce charmant endroit où s'était écoulé une partie de ma jeunesse.

Mais, ô fatalité! arrivé chez monsieur le maire, il me dit qu'il fallait retourner à Marseille, parce que ce bon homme nourricier, à qui je croyais de nouveau obéir, ne pouvait m'enseigner cette profession avec la minime somme que lui offraient les administrateurs de cette maison.

Obligé de retourner, et ayant opéré mon voyage sans aucun inconvénient, je fus placé, après réflexion, par ces messieurs, chez un patron cordonnier de la banlieue de Marseille.

Comprenant le nouveau genre de vie dans lequel je me voyais obligé de vivre, je réunis toute ma présence d'esprit et fis tout mon possible pour contenter mon nouveau maître.

Étant, comme je l'ai déjà dit, privé de la vigueur d'une partie de mes membres, je ne pouvais faire le travail d'un ouvrier valide; ce fut ce qui m'attira la colère de mon patron qui sut très bien, de temps à autre, passer ses mauvais moments de disgrâce près de moi. Cependant, patient, amoureux de plaire à messieurs les administrateurs de l'hospice d'où je sortais, je m'arrangeai pour demeurer un an chez ce maître irascible. Enfin, arrivé au bout de mon année d'apprentissage, ne pouvant plus m'entendre ni même m'accorder avec lui, je le quittai définitivement.

Me rendant alors chez monsieur le maire de Marseille, j'obtins avec bien de la peine un passeport pour voyager. Après avoir remercié tous les membres de la commission administrative de l'Hôtel-Dieu, je commençai cette vie de troubadour qui était, dans un temps, portée à un tel degré de réputation que les plus grands personnages ne dédaignaient pas de s'affubler d'un manteau et de chanter, dans le silence de la nuit, leurs amourettes.

ANNÉE 1869

Comput ecclésiastique.

Nombre d'or (cycle ou révolution de dix-neuf ans pour accorder l'année lunaire avec l'année solaire). — **8.**

Epacte (Nombre de jours que le soleil a en plus sur l'année lunaire).— **XVII.**

Cycle solaire (il est de vingt-huit ans.) — **2.**

Indiction Romaine. (Période de quinze ans employée dans les bulles du Saint-Siège).— **12.**

Lettre dominicale (qui indique le Dimanche). — **C.**

Quatre-Temps.

Du Carême. . . . . 17, 19, 20 Février.
De la Pentecôte. . . . . 19, 21, 22 Mai.
De Septembre. . . . . . 15, 17, 18 Septembre.
De l'Avent. . . . . 15, 17, 18 Décembre.

Fêtes Mobiles.

Septuagésime . . . . . . 24 Janvier.
Les Cendres . . . . 10 Février.
Pâques . . . . 28 Mars.
Rogations. . . . . 3, 4 et 5 Mai.
Ascension. . . . . 6 Mai.
Pentecôte. . . . . 16 Mai.
Trinité . . . . 23 Mai.
Fête-Dieu. . . . . 27 Mai.
1er Dimanche de l'Avent 28 Novembre.

Commencement des Quatre Saisons.

Printemps : le 20 Mars, à 1 heure 41 minutes du soir.
Été : le 21 Juin, à 10 heures 13 minutes du matin.
Automne : le 23 Septembre, à 0 heure 37 minutes du matin.
Hiver : le 21 Décembre, à 6 heures 32 minutes du soir.

Éclipses.

Éclipse partielle de lune, les 26 et 27 Janvier, invisible.
Éclipse annulaire de soleil, le 11 Février, invisible.
Éclipse partielle de lune, le 23 Juillet, invisible.
Éclipse totale de soleil, le 7 Août, invisible.

JANVIER

Les jours croissent de 1 h. 4 minutes.

v.	1	**CIRCONCISION**
s.	2	s. Clair
D.	3	s^te Geneviève.
l.	4	s. Rigobert.
m.	5	s. Siméon
m.	6	**LES ROIS**
j.	7	s. Théodore
v.	8	s. Lucien.
s.	9	s. Marcellin.
D.	10	s. Paul, erm
l.	11	s. Théodose.
m.	12	s. Arcade.
m.	13	s. Eudoxe.
j.	14	s. Hilaire
v.	15	s. Maur
s.	16	**S. NOM DE JÉSUS**
D.	17	s. Antoine.
l.	18	Ch. s. Pierre.
m.	19	s. Sulpice
m.	20	s. Sébastien.
j.	21	s^te Agnès
v.	22	s. Vincent.
s.	23	s. Raymond
D.	24	**SEPTUAGÉSIME**
l.	25	C. de s. Paul.
m.	26	s^te Paulé
m.	27	s. Julien.
j.	28	s. Charlemagne.
v.	29	s. Franç. de S.
s.	30	s^te Bathilde.
D.	31	**SEXAGÉSIME**

D. Q. le 5, vent.
N. L. le 12, beau.
P. Q. le 21, grêlé.
P. L. le 28, variable.

FÉVRIER

Les jours croissent de 1 h. 30 minutes.

l.	1	s. Ignace
m.	2	**PURIFICATION**
m.	3	S. Blaise.
j.	4	s. Gilbert
v.	5	s^te Agathe
s.	6	s^te Dorothée.
D.	7	**QUINQUAGÉSIME**
l.	8	s. Jean-de-M.
m.	9	Mardi Gras.
m.	10	**LES CENDRES**
j.	11	s. Adolphe.
v.	12	s^te Eulalie.
s.	13	s. Lézin.
D.	14	**QUADRAGÉSIME**
l.	15	s. Faustin.
m.	16	s^te Julienne.
m.	17	**QUATRE-TEMPS**
j.	18	s. Siméon.
v.	19	s. Conrad
s.	20	s. Sylvain
D.	21	**REMINISCERE**
l.	22	s^te Isabelle.
m.	23	s. Merault.
m.	24	s. Mathias
j.	25	s. Laudry.
v.	26	s^te Cézaire.
s.	27	s^te Honorine.
D.	28	**OCULI**

D. Q. le 3, beau.
N. L. le 11, neige.
P. Q. le 19, doux.
P. L. le 26, variable.

MARS

Les jours croissent de 1 h. 48 minutes.

l.	1	s^te Antonine.
m.	2	s. Simplice.
m.	3	s^te Cunégonde.
j.	4	s. Casimir
v.	5	s. Adrien.
s.	6	s^te Colette.
D.	7	**LÆTARE**
l.	8	s. J. de D.
m.	9	40 Martyrs
m.	10	s. Blanchard
j.	11	s. Soter.
v.	12	s. Grégoire.
s.	13	s^te Euphrasie.
D.	14	**LA PASSION**
l.	15	s. Longin.
m.	16	s. Patrice.
m.	17	s^te Gertrude.
j.	18	s. Alexandre.
v.	19	s. Joseph.
s.	20	s. Joachim.
D.	21	**LES RAMEAUX**
l.	22	s. Paul, év.
m.	23	s. Victorien.
m.	24	s. Simon.
j.	25	**ANNONCIATION**
v.	26	s^te Françoise.
s.	27	s^te Lydie.
D.	28	**PAQUES**
l.	29	s. Jean Nep.
m.	30	s. Rieul
m.	31	s. Balbine.

D. Q. le 5, beau.
N. L. le 12, tempéré.
P. Q. le 21, variable.
P. L. le 27, vent.

AVRIL

Les jours croissent de 1 h. 39 minutes.

j.	1	s. Hugues.
v.	2	s. Franç. P.
s.	3	s. Richard.
D.	4	**QUASIMODO**
l.	5	s. Vincent.
m.	6	s. Prudent.
m.	7	s. Albert.
j.	8	s. Éphrate.
v.	9	s^te Marie Égyp.
s.	10	s. Badême.
D.	11	s. Léon, pape.
l.	12	s. Martin, pap.
m.	13	s. Justin
m.	14	s. Benezet.
j.	15	N. D. des 7. D.
v.	16	s. Rodolphe.
s.	17	s. Anicet.
D.	18	s. Apolline.
l.	19	s. Crescent.
m.	20	s. Théotime.
m.	21	s. Anselme.
j.	22	s. Soter, pape.
v.	23	s. Georges.
s.	24	s. Beuve.
D.	25	s. Marcellin.
l.	26	s. Marcellin.
m.	27	s. Polycarpe.
m.	28	s. Vital.
j.	29	s. Pierre, mart.
v.	30	s^te Catherine. S.

D. Q. le 3, brumeux.
N. L. le 12, beau.
P. Q. le 19, pluie.
P. L. le 26, variable.

MAI

Les jours croissent de 1 h. 17 minutes.

s.	1	St JACQ. St PH.
D.	2	s. Athanase.
l.	3	**ROGATIONS**
m.	4	s^te Monique.
m.	5	Con. de S. Aug.
j.	6	**L'ASCENSION**
v.	7	s. Stanislas.
s.	8	s. Désiré.
D.	9	s. Nicaise.
l.	10	s. Antonin.
m.	11	s. Mamert.
m.	12	s. Pancrace.
j.	13	s. Servais.
v.	14	s. Boniface
s.	15	s. Isidore.
D.	16	**PENTECÔTE**
l.	17	s. Honoré.
m.	18	s. Pascal
m.	19	**QUATRE-TEMPS**
j.	20	s. Bernardin.
v.	21	s. Hospice.
s.	22	s^te Julie
D.	23	**TRINITÉ**
l.	24	s^te Jeanne.
m.	25	s. Urbain.
m.	26	s. Phil. N.
j.	27	**FÊTE-DIEU**
v.	28	s. Maxime.
s.	29	s. Félix.
D.	30	s. Ferdinand.
l.	31	s^te Pétronille.

D. Q. le 3, doux.
N. L. le 11, beau.
P. Q. le 18, variable.
P. L. le 25, nuageux.

JUIN

Les jours croissent de 16 minutes jusqu'au 26.

m.	1	s. Fortuné.
m.	2	s. Pothin.
j.	3	s^te Clotilde.
v.	4	s. Optat.
s.	5	s. Boniface
D.	6	s. Claude
l.	7	s. Claude
m.	8	s. Médard.
m.	9	s. Félicien.
j.	10	s. Cyriaque.
v.	11	s. Barnabé
s.	12	s^te Olympe.
D.	13	s. Antoine Pad.
l.	14	s. Basile.
m.	15	s. Modeste.
m.	16	s. Franç. Rég.
j.	17	s. Avit.
v.	18	s. Marcel
s.	19	SS. Gerv. et Pr.
D.	20	s. Sylvère.
l.	21	s. Louis de G.
m.	22	s. Paulin.
m.	23	s. Alban.
j.	24	s. Jean-Baptiste
v.	25	s. Prosper.
s.	26	s. David
D.	27	s. Anthelme.
l.	28	s. Léon.
m.	29	SS. Pierre et P.
m.	30	Com. de s. Paul

D. Q. le 2, beau.
N. L. le 10, chaud.
P. Q. le 17, chaud.
P. L. le 24, tonnerre.

JUILLET
Les jours diminuent de 58 minutes.

j.	1	s. cœur de Jésus.
v.	2	LA VISITATION.
s.	3	s. Anatole.
D.	4	ste Fortunée.
l.	5	ste Zoé.
m.	6	s. Théophile.
m.	7	s. Ephrem.
j.	8	s. Raphaël.
v.	9	s. Cyrille, m.
s.	10	ste Félicité.
D.	11	s. Pie, pape.
l.	12	s. Jean Gualb.
m.	13	s. Eugène.
m.	14	s. Bonaventure.
j.	15	s. Henri, emp.
v.	16	N. D. du M. C.
s.	17	s. Alexis.
D.	18	s. Frédéric.
l.	19	s. Vincent de P.
m.	20	ste Marguerite.
m.	21	s. Victor.
j.	22	ste Magdeleine.
v.	23	s. Apollinaire.
s.	24	ste Christine.
D.	25	s. Jacques, maj.
l.	26	ste Anne.
m.	27	s. Pantaléon.
m.	28	s. Roger.
j.	29	ste Marthe.
v.	30	ste Béatrix.
s.	31	s. Ignace de L.

D. Q. le 2, chaleur.
N. L. le 9, beau.
P. Q. le 16, variable.
P. L. le 23, vent.
D. Q. le 31, nuageux.

AOUT
Les jours diminuent de 1 h. 35 minutes.

D.	1	s. Pier.-ès-liens
l.	2	N.-D.-des-Anges
m.	3	Inv. S.-Etienne.
m.	4	s. Dominique.
j.	5	N.-D.-des-Neig.
v.	6	Transfiguration.
s.	7	s. Donat.
D.	8	s. Justin.
l.	9	s. Romain.
m.	10	s. Laurent.
m.	11	ste Suzanne.
j.	12	ste Claire.
v.	13	s. Hippolyte
s.	14	s. Eusèbe
D.	15	ASSOMPTION
l.	16	s. Roch.
m.	17	s. Hyacinthe.
m.	18	ste Hélène.
j.	19	s. Louis, évêq
v.	20	s. Bernard.
s.	21	ste Jeanne.
D.	22	s. Symphorien.
l.	23	ste Sidoine.
m.	24	s. Barthélemy.
m.	25	s. Louis, roi.
j.	26	s. Zéphirin.
v.	27	s. Césaire.
s.	28	s. Augustin.
D.	29	Décol. s. J.-B.
l.	30	ste Rose de L.
m.	31	s. Lazare.

N. Q. le 7, beau.
P. Q. le 14, pluie.
P. L. le 22, variable.
D. Q. le 30, chaleur.

SEPTEMBRE
Les jours diminuent de 1 h. 41 minutes.

m.	1	s. Gilles
j.	2	s. Agricol.
v.	3	s. Grég.-le-G.
s.	4	ste Rosalie.
D.	5	s. Laurent J.
l.	6	s. Zacharie.
m.	7	ste Reine.
m.	8	Nat.-de-N.-D.
j.	9	s. Georges.
v.	10	s. Pulchérie.
s.	11	s. Maurille.
D.	12	s. Gay, confes.
l.	13	s. Aimé.
m.	14	Exalt. de la C.
m.	15	QUATRE-TEMPS
j.	16	s. Corneille.
v.	17	s. Lambert.
s.	18	s. Euphémie.
D.	19	s. Janvier.
l.	20	s. Eustache.
m.	21	s. Mathias.
m.	22	s. Maurice.
j.	23	ste Thécle, v.
v.	24	N. D. de la M.
s.	25	s. Crépin.
D.	26	ste Justine.
l.	27	s. Cyprien, m.
m.	28	s. Côme.
m.	29	ss. Simon et Jud.
j.	30	s. Michel, arc.

N. L. le 6, beau.
P. Q. le 12, variable.
P. L. le 20, plu..
D. Q. le 28, vent.

OCTOBRE
Les jours diminuent de 1 h. 44 minutes.

v.	1	s. Rémy.
s.	2	SS. Anges gard.
D.	3	ste Lucrèce.
l.	4	s. François d'As.
m.	5	ste Aure, v.
m.	6	s. Bruno.
j.	7	s. Marc, pape.
v.	8	ste Brigitte.
s.	9	s. Denis, évê.
D.	10	s. Martial, évê.
l.	11	s. Firmin, évê.
m.	12	s. Vilfrid.
m.	13	s. Edouard.
j.	14	s. Calixte, pape.
v.	15	ste Thérèse.
s.	16	s. Gal, évê.
D.	17	s. Florentin.
l.	18	s. Luc, évêq.
m.	19	s. Savinien.
m.	20	s. Caprais.
j.	21	ste Ursule.
v.	22	s. Macaire.
s.	23	s. Hilarion.
D.	24	s. Magloire.
l.	25	s. Crépin.
m.	26	s. Evariste.
m.	27	s. Maxime.
j.	28	ss. Simon et Jud.
v.	29	s. Elzéar.
s.	30	s. Lucain.
D.	31	s. Quentin.

N. L. le 5, variable.
P. Q. le 12, nuageux.
P. L. le 20, pluie.
D. Q. le 28, ab..

NOVEMBRE
Les jours diminuent de 1 h. 17 minutes.

l.	1	TOUSSAINT
m.	2	LES MORTS.
m.	3	s. Hubert.
j.	4	s. Charles Borr.
v.	5	s. Bénigne.
s.	6	s. Léonard.
D.	7	s. Achille.
l.	8	s. Godefroi.
m.	9	s. Mathurin.
m.	10	s. Juste.
j.	11	s. Martin.
v.	12	s. Véran.
s.	13	s. Kostka.
D.	14	s. Bertrand.
l.	15	ste Eugénie.
m.	16	s. Edmond.
m.	17	s. Grégoire.
j.	18	s. Maxime.
v.	19	ste Elisabeth.
s.	20	s. Félix de V.
D.	21	Prés. de N. D.
l.	22	ste Cécile.
m.	23	s. Clément.
m.	24	s. Séverin.
j.	25	ste Catherine.
v.	26	s. Pierre d'A.
s.	27	s. Maxime.
D.	28	AVENT.
l.	29	s. Saturnin.
m.	30	s. André.

N. L. le 3, pluie.
P. Q. le 11, beau.
P. L. le 20, vent.
D. Q. le 26, glace.

DÉCEMBRE
Les jours diminuent de 20 m. jusqu'au 24.

m.	1	s. Eloi.
j.	2	ste Bibiane.
v.	3	s. François-X.
s.	4	ste Barbe.
D.	5	s. Sabas.
l.	6	s. Nicolas.
m.	7	ste Pauline.
m.	8	LA CONCEPTION
j.	9	ste Théophile.
v.	10	ste Eulalie.
s.	11	s. Damase.
D.	12	ste Constance.
l.	13	ste Luce.
m.	14	s. Nicaise.
m.	15	QUATRE-TEMPS.
j.	16	ste Adélaïde.
v.	17	ste Olympiade.
s.	18	s. Gratien.
D.	19	s. Timothée.
l.	20	s. Philogone.
m.	21	s. Thomas.
m.	22	s. Ischyrion.
j.	23	ste Victoire.
v.	24	s. Dauphin.
s.	25	NOEL
D.	26	s. Etienne.
l.	27	s. Jean, évang.
m.	28	Les ss. Innoc.
m.	29	s. Thomas.
j.	30	ste Colombe.
v.	31	s. Sylvestre.

N. L. le 3, vent.
P. Q. le 10, nuageux.
P. L. le 18, beau.
D. Q. le 26, variable.

www.ingramcontent.com/pod-product-compliance
Lightning Source LLC
Chambersburg PA
CBHW061529040426
42450CB00008B/1861